AF329956

NOUVELLE LOCALE

H. DE LAMURE

ou

Mémoire d'un Moine du Couvent de Franquevaux

MANUSCRIT DE 1811

PAR ÉMILE CAUSSE

NIMES

IMPRIMERIE ROGER ET LAPORTE

Place Saint-Paul, 5

1864

NOUVELLE LOCALE

NOUVELLE

LOCALE

PAR ÉMILE CAUSSE

———◆———

NIMES

IMPRIMERIE ROGER ET LAPORTE

Place Saint-Paul, 5

1864

HENRI DE LAMURE

HENRI DE LAMURE

ou

MÉMOIRES D'UN MOINE

DU COUVENT DE FRANQUEVAULX

Manuscrit de 1811

I

Le château de La Jonquières ; la vallée de l'Isère.

Avant que Dieu me rappelle à lui, j'ai voulu esquisser l'histoire de ma vie; ce n'est point par amour-propre, par orgueil

humain, afin d'attirer sur moi les regards
de mes semblables. Qui suis-je pour obéir
à de pareils sentiments? Mais il m'a semblé
que mes fautes, mes malheurs, le tableau
d'une vie en opposition avec la véritable
destinée de l'homme ici-bas ne seraient
pas sans utilité, peut-être même, j'ose le
dire, sans intérêt.

On ne rencontrera pas ici ces actions
d'éclat qui font l'admiration, mais, trop
souvent aussi, le malheur des hommes ;
ma vie a été obscure, pleine d'humilité ;
mes malheurs n'ont été que pour moi.

Dieu, toujours miséricordieux, me par-
donnera, je l'espère, des erreurs échap-
pées à ma faiblesse, à une liberté peu
éclairée ; il me rendra cette justice, qu'au
milieu de mes égarements, j'ai toujours

crû marcher dans sa voie, obéir à sa volonté souveraine.

La route de Marseille à Grenoble, après
avoir traversé la petite ville de Gap, la
capitale des *Vapençois*, s'élève, en décri-
vant de nombreux lacets, au sommet
d'une montagne que l'on a appelée le
Mont - Bayard, du nom de l'illustre
chevalier sans peur et sans reproches,
enfant de ces sauvages contrées ; elle
s'avance de là vers le Nord en côtoyant
les cîmes crénelées des Alpes, fran-
chissant, à plusieurs reprises, les eaux
torrentielles du Drac, presque toujours
suspendue sur des abîmes ; parcourt
horizontalement les plateaux maréca-
geux de La Mure et descend, par une
pente rapide, dans la capitale du Dauphiné.

Avant d'arriver à Grenoble, l'œil découvre un magnifique panorama.

A gauche, la montagne, flanquée de hêtres gigantesques, couronnée de sapins séculaires.

A droite, l'Isère, gonflée par le Drac, ses eaux rapides et noirâtres, les prairies émaillées, les innombrables peupliers qui la bordent.

Au delà de la rivière, Vizille, célèbre dans nos fastes révolutionnaires , ses maisons bariolées, ses clochers élancés, ses massifs de verdure.

Au bas de la rampe, contre les premières assises de la montagne, s'élève un vieux château dont la construction remonte au douzième siècle. Trente ans se sont écoulés et, bien que, dans ce long intervalle, ma mémoire ait été flétrie par la vieillesse et le malheur, je vois encore ses voûtes surbaissées, ses tours ardoisées, les vastes pièces d'eau qui décorent ses jardins, la cascade descendant de la montagne bruyamment, les longues lignes d'ormeaux qui conduisent à la rivière.

C'est là, c'est dans ce château, connu dans la contrée sous le nom de château *de La Jonquières*, que je suis venu au monde le 17 février de l'année 1760.

Ma bonne mère m'a répété souvent, en laissant échapper de grosses larmes, que, pendant la nuit qui précéda ma naissance, elle avait été en proie à des rêves affreux, que le vent avait battu les sapins de la

montagne avec des sifflements aigus, qu'un
chat-huant n'avait cessé de faire entendre
ses chants lugubres du haut de l'une des
tours du manoir ; je ne suis point supers-
titieux ; je n'ai jamais cru que Dieu inter-
vertît facilement les lois que sa Providence
a imposées au monde, et pourtant je ne
me suis jamais rappelé ces prédictions
sinistres sans effroi ; cédant à un sentiment de faiblesse plus que je ne devais le
faire peut-être, je me suis toujours figuré
qu'elles n'avaient pas été sans influence
sur ma destinée.

Henri de Lamure, mon père, était un
homme honnête, incapable de nuire à
son semblable, de retenir un seul instant
un bien qui ne lui aurait pas appartenu ;
sa fortune était le patrimoine des pauvres ;
jamais un malheureux n'avait franchi le

pont-levis du château de La Jonquières
sans être immédiatement soulagé ; afin
d'étendre, autant que possible, les limites
de sa charité, il s'était pénétré des principes élémentaires de l'art médical ; il visi-
tait les malades des environs, leur don-
nait des conseils, leur distribuait des
remèdes gratuitement.

Son intelligence était cultivée ; il n'était
point resté étranger au mouvement scienti-
fique et littéraire de son époque ; il con-
naissait à fond l'histoire ancienne et l'histoire moderne ; il avait compris de bonne
heure que les hommes ont obéi dans tous
les temps aux mêmes passions, que, dans
le monde moral comme dans le monde
physique, les mêmes causes ont toujours
produit les mêmes effets, que l'étude de
l'histoire élargissait, pour ainsi dire,

indéfiniment, le cercle de notre expérience, que c'était le moyen le plus assuré de juger le présent et même de calculer l'avenir; mais je lui ai souvent entendu dire que peu d'hommes savaient étudier l'histoire, que ceux qui s'engageaient dans cette voie ne cédaient d'ordinaire qu'à un sentiment de vaine curiosité, à une satisfaction d'amour-propre, au désir de pouvoir rappeler *matériellement*, dans un cercle d'oisifs, un événement, un fait, une date; que, considérée à ce point de vue, l'histoire n'était qu'un panorama fantastique indigne de fixer l'attention d'un homme sérieux.

Mon père avait une physionomie distinguée; je vois encore, à vingt-cinq ans de distance, cette noble tête sur laquelle rayonnaient et se disputaient, en quelque sorte, la dignité et l'intelligence; il avait des manières affectueuses, une politesse exquise, ce qu'on apelle le *bon ton*, ce bon ton qui s'en va et que l'on ne trouvera bientôt plus que dans les annales du passé. C'est un fait que je constate ici, moins par ce que je sais que par ce que j'ai entendu dire. Le dix-neuvième siècle peut être fier à juste titre de ses combats de géants, de ses découvertes merveilleuses, des sources abondantes qu'il a ouvertes au bien-être des populations, mais il laisse apercevoir, au point de vue de la distinction dans les manières, une lacune déplorable. Et qu'on ne dise pas, comme quelques-uns, que cela importe peu, que cela n'intéresse que la superficie; c'est une erreur contre laquelle on doit protester. Les formes douces, affectueuses intéressent, au plus haut degré, le fond même de la société; elles contri-

buent, plus qu'on ne le pense, à la bonne
harmonie, à la paix , au bonheur des membres qui la composent. Les frottements sont
plus doux, les collisions moins fréquentes,
le bon ordre plus assuré.

Pourquoi faut-il qu'une aussi belle nature ait été ternie par d'incroyables faiblesses? Est-ce à moi à relever ces faiblesses,
moi son fils, moi qui aurais voulu les
effacer avec mes larmes? Pourquoi ne le
ferais-je pas? N'en ai-je pas assez souffert?
N'est-ce pas un devoir pour tout homme
d'affirmer, de proclamer la vérité en
toute occasion? de détruire les préjugés,
d'éclairer, autant qu'il est en lui, la marche de l'humanité?

Mon père n'avait point de sentiments
religieux ; il ne se livrait à aucune manifes-

tation extérieure du culte auquel il appartenait; on l'entendait parfois, avec un vif
sentiment de peine, prononcer contre nos
dogmes des paroles ironiques, agressives.
Je l'ai toujours soupçonné d'avoir cédé à
l'influence d'un homme dont le nom avait,
à cette époque, un grand retentissement
dans le monde. Cet homme abusait d'une
manière étrange de l'intelligence que la
Providence lui avait donnée. Il cherchait à
attirer sur lui les regards de ses semblables
par des doctrines sans conviction, par des
plaisanteries affectées, en sacrifiant la vérité à un bon mot, en flattant, en exhal-
tant les mauvais instincts de l'âme. Pendant
le cours de sa trop longue vie il n'a cessé
de faire des efforts inouïs pour tarir, autant qu'il était en lui, cette source merveilleuse d'où coulent à pleins bords, depuis dix-huit siècles, les consolations et

les espérances de l'humanité. Je n'aime pas cet homme; il lui a manqué ce qui fait l'homme : le cœur. Il est douteux, quoiqu'en disent des adeptes intéressés, que son passage sur la terre ait été utile à l'humanité. La postérité ratifiera-t-elle le jugement de ses contemporains? partagera-t-elle leur engouement? C'est possible — le monde moral est sujet à des maladies chroniques, comme le monde physique — je ne le crois pas néanmoins!

La famille de mon père était originaire du haut Dauphiné; elle avait eu, disait-il souvent avec un sentiment d'orgueil qu'il ne cherchait point à déguiser, au nombre de ses fiefs la ville de La Mure à laquelle elle avait donné son nom. Bernard de Lamure, l'un de ses ancêtres, avait accompagné Louis IX dans sa première croisade;

il était mort à côté du saint roi, dans les plaines marécageuses de Mansourah.

Mon père montrait avec ostentation à ses amis de vieux parchemins maculés par le temps, rongés par les rats, desquels il apparaissait que quelques propriétaires de paturages situés sur le versant occidental des Alpes, payaient à Maximilien de Lamure, seigneur de La Jonquières, une rente annuelle de cinq pots et demi de beurre. Bernard de Lamure, deuxième de nom, avait été le compagnon d'armes de Henri IV, l'ami de Sully !

Jusque là je ne repoussais pas, d'une manière absolue, les idées aristocratiques de mon père, je m'y associais même dans une certaine mesure. C'est toujours un honneur pour une famille, la source pure

d'un légitime orgueil, lorsque l'un de ses
membres contribue par son courage, par
son intelligence, par sa vertu, à la gloire,
à la prospérité de son pays.

Mais mon père ne s'arrêtait pas là;
il était profondément convaincu qu'il
appartenait à une race à part, qu'il
ne devait pas être confondu avec le
reste des hommes, qu'il n'y avait rien
de commun entre lui et ses paysans, ses
meuniers, ces manants tenus de lui
apporter, à titre d'hommage, des pots
de beurre ou des ortolans. Ce sont ces
idées fausses, ces préjugés déplorables
contre lesquels mon intelligence naissante
protestait et qui ont pesé si fatalement sur
ma vie. Comment se fait-il, me disais-je,
qu'une intelligence aussi éclairée, aussi
élevée ait pu se laisser entraîner dans

de pareilles aberrations? Comment ne voyait-il pas, ne sentait-il pas que nous sommes tous, grands et petits, faibles et forts, savants et ignorants, des branches d'un même tronc, des enfants d'un même père, des images de la divinité sur cette terre? que les honneurs, les distinctions de ce monde ne sont qu'un pur effet du hasard, des caprices de la fortune, souvent même de quelque chose qui n'est pas de la vertu, qui est loin d'être de la vertu et qu'on n'oserait pas avouer hautement? Sont-ce là les doctrines de ces prétendus philosophes au culte desquels il s'était affilié? Si cela est ainsi, pourquoi tant de bruit? Une ligne de l'Evangile en dit plus à mon intelligence et à mon cœur que toutes ces lourdes élucubrations sous le poids desquelles le monde est, en quelque sorte, accablé.

Anne de Valgorge, [1] ma bonne mère,
était une femme empreinte d'une douce et
sincère piété; elle a passé sa trop courte
vie dans une humilité profonde qu'elle pui-
sait dans les inspirations du christianisme,
comme dans une source abondante et
pure; elle s'est toujours considérée com-

[1] La famille de ma mère devait son nom à un vieux
château remontant, d'après la tradition, au 8e siècle,
construit, ou plutôt suspendu, sur un immense pli des
Alpes cottiennes; il avait soutenu avec succès, disait-on,
vers la fin du 9e siècle, une attaque armée de la part des
Sarrasins. On sait que ces hordes féroces avaient envahi
ces contrées à cette époque; on montre encore aujour-
d'hui leurs traces dans le village de Fraissinières, situé
presque sur le sommet des Alpes, au point où commencent
les neiges éternelles; Fraissinières n'était qu'une succur-
sale d'un établissement du même nom (Fraxinus, Fraxi-
net, aujourd'hui Fraisnet-La-Garde) que les Sarrasins
avaient fondé dans le Var, un peu au-dessus de La Cio-
tat; ils se sont maintenus là jusqu'au milieu du douzième
siècle.

me la servante dévouée des malheureux qui tendaient la main à sa charité ; elle lisait avec des transports d'amour, l'*Imitation de Jésus-Christ* , les *Confessions* de saint Augustin, les élans pieux, les méditations brûlantes de sainte Thérèse ; elle rendait un culte particulier à la Vierge Marie, la patronne des faibles et des malheureux ; elle lui avait élevé , dans une salle retirée du château de La Jonquières , une chapelle particulière qu'elle prenait soin d'orner de ses propres mains. Que de fois ne l'ai-je point vue déposer elle-même sur l'autel des parfums , des touffes de verdure, des fleurs nouvellement écloses, s'agenouiller devant la Mère des grâces en demandant son intercession pour son enfant, pour sa famille, pour tous ceux qui souffraient, m'exciter à joindre mes supplications enfantines à ses ardentes prières.

Pauvre mère , mon cœur me le dit ,
Dieu t'a recueillie dans son sein; il a ré-
compensé tes modestes vertus; du haut
du ciel où tu habites, tu n'as pas cessé un
seul instant d'abaisser tes regards sur ton
fils, sur ce fils que tu as tant aimé ; tu
n'as pas pu écarter de lui la coupe amère
du malheur — c'est une loi providentielle
que l'homme a été placé ici-bas pour mé-
riter — mais grâce à ta sainte intervention,
il me sera donné un jour , je l'espère , de
te voir encore une fois face à face dans un
monde meilleur , de contempler ta noble
figure , tes traits altérés par le dévouement
et la charité !

Je n'ai que peu de choses à dire des
premières années de ma vie. Quel intérêt,
quel enseignement, quelle utilité pratique
peuvent offrir les événements sans impor-

tance qui se groupent autour de la vie d'un enfant?

Ma mère m'initiait chaque jour, aux devoirs les plus essentiels de la vie avec une patience, une persévérance, une ardeur de succès qui n'appartiennent qu'au cœur d'une mère. Elle me parlait de mes devoirs envers mes semblables, envers ma famille, envers Dieu qui nous a créés et qui nous conserve; ses paroles s'insinuaient doucement dans mon âme et y pénétraient profondément; elles ne m'ont point préservé du ravage des passions, cela est vrai — la suite de mon histoire ne le prouvera que trop — mais elles ont amené, du moins, ce résultat que la responsabilité de mes fautes n'a pesé que sur moi.

Aux heures où il m'était permis de faire

diversion à des enseignements sérieux, je
visitais, avec mon père, les malades des
environs ; je compatissais à leurs peines ;
ils me connaissaient, ils m'aimaient, j'é-
tais heureux ! La sympathie des autres
contribue, plus qu'on ne peut le croire,
à notre bonheur personnel. Je me laissais
entraîner comme par une pente naturelle,
à visiter, à comprendre les travaux de l'a-
griculture ; je gravissais les montagnes ro-
cheuses qui dominent le château de La Jonquières ; cet exercice salutaire n'a pas peu
contribué à me donner cette constitution
robuste qui ne m'a jamais abandonné
pendant le cours de ma vie et qui, même
aujourd'hui, après de longues années écou-
lées, après les épreuves que j'ai subies,
n'est que légèrement altérée.

Le plus souvent j'allais m'asseoir au milieu de ces osiers au feuillage glauque qui croissent naturellement sur les bords de l'Isère et semblent se mirer dans ses eaux; je suivais de l'œil les barques des pêcheurs, leurs innombrables évolutions, les radeaux de planches et de sapins emportés par le cours de la rivière pour ne plus revenir; image saisissante de notre vie ici-bas !

A ces époques solennelles où le monde célèbre les grandes fêtes de la chrétienté, j'accompagnais ma mère à Vizille ou à Grenoble. Nous assistions ensemble aux offices divins. Cette foule immense qui se pressait sous les voûtes sombres et élevées de la basilique, les chants religieux de l'orgue, le prêtre à l'autel surexcitaient en moi ce sentiment religieux, cet amour des choses d'en haut qui ont affermi et éclairé ma marche à travers les difficultés de la vie !

Les années de mon enfance ont été seules de belles années ; à partir de cette époque le malheur s'est abattu sur moi avec un acharnement effroyable et n'a cessé de frapper à coups redoublés.

Dans la nuit du 17 janvier **1772**, nuit fatale !

Ma mère, ma bonne mère, mon ange gardien sur cette terre me fut enlevée en quelques heures par cette maladie affreuse que le génie de l'homme n'était pas encore parvenu à conjurer [1] ; mes larmes, mes

[1] On sait que les expériences de Jenner sur le vaccin de vache ne remontent guère qu'à l'année 1788 ; avant l'invention de la vaccine, chaque année la petite vérole décimait le monde ; l'univers entier devrait dresser des statues à cet illustre enfant de la Grande-Bretagne ; que sont auprès de cela les triomphes des conquérants ?

supplications, mon désespoir ne purent arracher à la mort cette noble et tendre victime. Je me demande encore aujourd'hui comment il a été possible à ma faiblesse de résister à cette catastrophe fatale; ceux qui ont été assez malheureux pour assister à la mort de leurs mères me comprendront et, s'ils ne me comprennent pas, je les plains !

J'avais atteint ma douzième année; mon père crut devoir s'occuper sérieusement de mon éducation; il résolut de placer auprès de moi un précepteur, ou plutôt, comme il disait lui-même, en style de blason, un gouverneur.

« Mon fils, me dit-il un jour, la mort » de votre mère a laissé autour de vous » un vide immense qu'il faut combler;

» demandons à d'autres ces ressources
» que vous offrait son intelligence culti-
» vée ; un jeune homme de votre race,
» qui compte au nombre de ses aïeux des
» trésoriers de France, des amis de rois,
» et, ce qui est bien plus glorieux encore,
» dont la bannière, sanctifiée par la croix,
» a flotté au 13ᵉ siècle, dans les plaines sa-
» blonneuses de l'Egypte, à côté de la ban-
» nière du Roi-Martyr, ne peut pas être
» confondu, pêle-mêle, dans un établisse-
» ment d'instruction publique, collége ou
» autre, avec les fils de Jacques, le meu-
» nier, de Boniface, le scieur de long ou
» du maçon chargé de réparer les tours de
» votre château ; ce serait déroger, ce
» serait nous avilir ; mon devoir est de
» vous transmettre intact le dépôt d'hon-
» neur qui m'a été confié par ma famille ;
» vous serez élevé auprès de moi, dans

» le château de La Jonquières, sous la pro-
» tection, sous la surveillance muette des
» portraits de vos nobles aïeux. »

Je n'étais qu'un enfant et pourtant ces paroles hautaines me blessaient ; elles étaient contraires à la raison, aux inspirations du christianisme, aux enseignements de ma mère ; comment les philosophes du jour, tous ces charlatans de vertu dont mon père s'était fait le disciple, pouvaient-ils concilier leur prétendu amour de l'humanité, de l'égalité avec ces préjugés absurdes ?

La détermination de mon père a été fatale pour moi.

L'éducation privée ne vaut rien.

L'enfant ne contracte pas assez l'habi-

tude de fréquenter, d'aimer, de respecter
ses semblables, de se faire respecter par
eux ; de là l'impolitesse, l'égoïsme, la lâ-
cheté.

On ne se crée pas, de bonne heure, ces
amitiés, ces bons rapports qui font, plus
tard, le charme de la vie et ne sont pas
toujours sans utilité dans le monde.

Enfin, et c'est ici la cause la plus sérieuse
du mal, je ne l'ai que trop éprouvé, le
jeune homme enfermé et, en quelque sorte,
séquestré dans le sein de la famille, concen-
tré en lui-même au moment où les passions
commencent à fermenter, ne trouve autour de lui ni équilibre, ni diversion ; que
sera-ce donc si le choix du précepteur ou
du gouverneur, comme on voudra, tombe
sur une âme tarée, sur un homme qui atti-

se le feu au lieu de l'éteindre? On frémit en y pensant, et pourtant le monde est plein de ces déplorables exemples! Dans les établissements publics, l'impureté d'un maître est corrigée, par la pureté, par les bons principes d'un autre, et, grâce à une surveillance plus active, mieux entendue, le mal ne peut pas se propager.

Mon précepteur fut installé au château de La Jonquières dans le mois de mai de l'année 1773.

La première impression qu'il produisit sur moi fut loin de lui être favorable.

Il avait une grosse tête, des cheveux crépus et en désordre, un front déprimé, des yeux petits et éteints, un embonpoint qui, joint à un corps rabougri, touchait

ou plutôt franchissait les limites du ridicule ;
avec cela une suffisance , une satisfaction
de lui-même qu'on ne pardonnerait pas à
un homme de génie.

Il s'appelait Cœsar B*** [1] ; il était originaire du Rouergue , d'un petit village à
peu de distance d'Espalion ; c'était un élève
des Jésuites ; il avait cela de commun avec
Voltaire dont il se proclamait l'un des
adeptes les plus ardents ; en sortant du
collége , il s'était jeté à travers le monde
et y avait recherché une position sociale
par de menus moyens qui n'étaient pas des

[1] Je crois devoir taire son nom ; je sais que l'un de ses
frères occupe encore aujourd'hui une position honorable
dans son pays natal ; je ne voudrais pas contrister sa vieillesse,
faire jaillir sur lui une part de honte qu'il ne mérite pas.

La solidarité d'honneur et de honte dans les familles a
son bon côté, sans doute, son utilité sociale ; mais elle
n'est pas rigoureusement conforme aux règles de la justice!

plus réguliers ; il avait une admiration profonde pour les réformateurs de l'époque : Diderot, Voltaire, Helvétius, le baron d'Olbach, le troupeau entier des Encyclopédistes *(vulgum pecus)*. Dans ses appréciations dédaigneuses, Jean-Jacques n'était pas assez matérialiste ; il avait une tendance trop marquée vers le christianisme et méritait peu le titre de *philosophe ;* c'était un homme à mettre à l'écart.

Il est inutile d'ajouter, je pense, que Cœsar B*** était athée.

Ses mœurs étaient suspectes : les paysans des environs, nos voisins, nos amis qui n'étaient pas philosophes, eux, mais qui tenaient bourgeoisement à l'honneur de leurs filles, avaient porté, plusieurs fois, des plaintes à mon père.

Cœsar B*** avait de singulières idées en économie sociale ; tout individu qui s'élevait par son travail, par son intelligence, par sa vertu était un aristocrate, un factieux à pendre ; ce n'était pas là assurément cet amour pur, cet amour, en lui-même irréprochable, de l'égalité humaine ; mais l'envie, la basse envie, l'impuissance haineuse, la révolte des appétits grossiers contre le droit, ce qu'il y a de plus hideux dans l'âme humaine.

Il se distinguait de ceux qui ne valaient guère mieux que lui par une soif ardente du bien d'autrui ; il appartenait à cette école proscrite par la loi de Dieu, fatale à l'ordre social, qui a eu et aura dans tous les temps de nombreux sectaires, contre laquelle ne doit pas s'arrêter un seul instant la juste sévérité de la loi.

Il récitait, comme étant de lui, de petits vers qu'il volait à ses contemporains, à ces personnages illustres que Voltaire avait placés dans le temple du goût et auxquels il croyait assurer ainsi l'immortalité. Il serait curieux de rechercher et peut-être peu honnête de dire l'usage que l'on fait aujourd'hui des livres de ces immortels.

Mon précepteur avait composé — Dieu sait dans quel style! — un traité pratique pour écraser l'*infâme*, c'est ainsi que son patron appelait la religion chrétienne ; cette œuvre était restée manuscrite : qui aurait osé imprimer un pareil fatras?

Nous trouvâmes aussi dans de vieux papiers, après sa fuite, les lambeaux épars d'une œuvre contre la divinité du

Christ; c'était la soixante-quatrième depuis
Arius, sans compter celles qui devaient
venir après; en quoi la divinité du Christ
a-t-elle souffert? que peuvent les efforts du
fellah basané, du noir habitant du désert contre les pyramides de Djizèh?

Où étais-tu ma bonne mère? dans quelles
mains on avait placé le cœur de ton fils?
Est-ce là ce que tu avais rêvé pour moi?

Tel est le gouverneur dont j'eus à subir les
enseignements pendant six années; heureusement, et c'est pour moi la cause
d'un légitime orgueil, ces enseignements
furent impuissants à détruire dans mon
âme ceux qu'une main plus pieuse et plus
pure y avait déposés.

J'avais supplié mon père, à plusieurs
reprises, de me délivrer de cet homme;

soit amour-propre, soit aveuglement, soit peut-être aussi sympathie secrète pour des doctrines vers lesquelles il s'était laissé entraîner, il ne voulut pas y consentir. Une circonstance singulière et inattendue nous en débarrassa.

Nous avions compris que le château de La Jonquières était un théâtre insuffisant pour un réformateur. L'Amérique du Nord venait de proclamer son indépendance. De nobles cœurs, de vaillantes épées franchirent l'Atlantique pour aller appuyer la liberté naissante. Il se mit à leur suite, obéissant à de moins nobles instincts ; il croyait rencontrer dans un monde nouveau une position que lui refusait sans pitié, mais avec justice, un monde trop vieux. Il se serait fait volontiers le tyran d'une peuplade sauvage pour rendre hommage à ces principes de liberté et d'égalité qu'il avait tant proclamés, ou plutôt grimacés pendant sa vie. Qu'est devenu cet homme? je l'ignore. On m'assure qu'il est mort; si cela est, j'oserais parier qu'il a rendu son âme à Dieu entre un acte d'immoralité et un blasphême!

Je respirais; le château de La Jonquières avait repris ce calme, cette sérénité, cette dignité qu'il n'avait point connus depuis la mort de ma mère. Je voyais devant moi un avenir moins tourmenté; Dieu, pour m'éprouver sans doute, ne voulut pas qu'il en fût ainsi. Je touche ici à un événement qui a décidé du sort de ma vie. En reportant mes regards en arrière, en réfléchissant aux causes qui amenèrent cet événement, je demeure convaincu qu'il n'y a rien qui me soit personnel, que j'ai été la triste victime d'une fatalité, de préjugés absurdes. Si ma mère eût vécu j'aurais été préservé peut-être; sa bonté, son humilité, ses douces insinuations auraient usé peu à peu ce que les théories aristocratiques de mon père avaient de trop absolu.

En remontant le cours de l'Isère, à deux milles environ du château de La Jonquières, on rencontrait un vieux moulin connu sous le nom de *moulin de la Scierie*. C'était, depuis un temps immémorial, un des fiefs de la famille Lamure. Une large et épaisse nappe d'eau, dérivée de la rivière, s'engageait dans un long canal creusé de mains d'hommes et faisait mouvoir, par sa lourde chute, une scierie et un moulin à blé; une roue accessoire était destinée à élever l'eau et arrosait un magnifique jardin; de chaque côté du canal d'amenée s'éten-

daient quelques arpents de belles prairies; on y préparait les toiles fabriquées
dans les environs ; c'était un spectacle
ravissant pour moi et qui ne s'est jamais
effacé de mon souvenir, d'apercevoir de
loin ces longues bandes d'étoffe, d'une
blancheur éblouissante, contrastant avec
la verdure noire et émaillée de la prairie;
les bâtiments de l'usine étaient entourés
de saules, d'aubes argentés, de peupliers
aux formes pyramidales; un cyprès gigantesque, s'élevant au milieu de ce massif
de verdure, étalait à travers l'horizon ses
branches échevelées; sa flèche élancée se
perdait dans les nues; il dominait toute
la contrée; c'était le cyprès du moulin !

Le moulin et les prairies avaient été concédés, depuis longtemps, en vertu d'un
bail amphytéotique, à la famille Laroche,

originaire de la petite ville de Corps, dans
les Hautes-Alpes ; à l'époque où se rappor-
tent les événements que je rappelle ici,
l'usine et ses dépendances étaient exploi-
tées par Jacques Laroche et par Catherine
Valdon, sa femme. Jacques Laroche était
un homme honnête, aisé, laborieux,
esclave de ses engagements, plein d'un
dévouement traditionnel pour la famille
Lamure à laquelle la sienne était depuis
longtemps unie ; mon père l'aimait et l'esti-
mait ; mon père, c'est un devoir pour moi
de rendre cette justice à sa mémoire, était
naturellement bon ; ce qu'il y avait de bon
en lui était de lui ; le reste n'était qu'une
conséquence déplorable de son contact
avec une noblesse aveugle et entichée, avec
cette philosophie impie et dévergondée
qui avait envahi le monde et devait aboutir
dans peu à un effroyable cataclysme.

Le moulin de la Scierie, ses touffes ombreuses, ses cascades bruyantes étaient le but de mes promenades habituelles ; c'est là que venaient aboutir presque inévitablement mes rêveries, mes courses sur la montagne où à travers les longues prairies que l'Isère féconde et embellit ; c'était un véritable charme pour moi d'aller m'asseoir devant le moulin, sur un banc en pierre grossièrement équarri, de m'entretenir familièrement avec Jacques Laroche ; la conversation de cet homme simple et bon, la modération de ses désirs, sa résignation profonde aux événements de la vie répandaient dans mon âme un calme inexprimable, contrastaient singulièrement avec les mouvements tumultueux et menaçants qui grondaient au dehors.

Jacques Laroche avait eu de son mariage

avec Catherine Valdon trois enfants ; deux
étaient morts en bas-âge ; Magdeleine
seule avait survécu ; Magdeleine ! Après
trente ans écoulés, après tant d'événements accomplis , lorsque le poids des
années amortit mes sens, en prononçant
ce nom, je sens encore un frémissement
courir dans tous mes membres et des
larmes coulent de mes yeux ; ô toi que
j'ai tant aimée, que j'aime encore sous les
glaces de l'âge, toi qui devais être mon
appui, mon ange-gardien sur cette terre,
ma chère Magdeleine , qu'es-tu devenue?
Me sera-t-il donné de te revoir encore une
fois dans ce monde ? as-tu rendu à Dieu
cette âme que Dieu t'avait donnée et que
Dieu seul pouvait te donner? te verrai-je,
du moins, dans un monde meilleur?
ah ! que l'on écarte de moi cette coupe
amère , ces doctrines désolantes, ces

livres impies qui m'enlèveraient cet espoir !

Magdeleine avait grandi sous l'aile de sa
mère ; elle avait dix-huit ans ; c'était l'espoir de sa famille. Magdeleine n'était point
jolie dans le sens que le monde attache à ce
mot, mais il y avait sur toute sa personne
une grâce , une noblesse moëlleuse bien
supérieures à la beauté ; sa taille était élancée , ses yeux d'une limpidité admirable ,
d'une indéfinissable langueur ; deux touffes de cheveux noirs s'échappaient et ruis-
selaient, en quelque sorte, de cette coif-
fure sans ornements en usage chez les
paysannes de la vallée de l'Isère; elle avait
une piété douce , sans ostentation , une
charité qui ne l'avait jamais laissée insen-
sible aux souffrances d'un malheureux et
qui était pour moi comme un reflet mysté-

rieux, comme un parfum délicat de l'âme de ma mère.

J'avais contracté depuis mon jeune âge l'habitude de voir Magdeleine, de vivre à côté d'elle ou plutôt avec elle. Nous ramassions des fleurs dans le jardin, nous poursuivions ensemble les papillons à travers la prairie ; il nous est arrivé mille fois d'aller nous asseoir, à côté l'un de l'autre, sur les bords de l'Isère, de jeter dans la rivière des feuilles, des branches d'arbre, de les suivre des yeux pendant qu'elles étaient emportées par le courant.

Magdeleine venait souvent au château de La Jonquières ; ma mère l'aimait, la caressait, se plaisait à l'embellir les jours de fêtes solennelles et, comme par un de ces pressentiments instintifs dont le cœur d'une mère a seul le secret, elle la considérait comme son enfant.

Je n'avais vu jusqu'à ce moment dans Magdeleine qu'une compagne, une amie ; mais les faits ne devaient pas s'arrêter là, c'était ma destinée !

Je sentis s'élever dans tous mes sens un trouble vague, inaccoutumé ; mes nuits étaient sans sommeil et si, parfois, le sommeil, obéissant à d'impérieuses nécessité, s'appesantissait sur moi, j'étais en proie à des rêves étranges ; toute attention sérieuse m'était devenue impossible ; je ne pouvais pas rester à la même place ; je recherchais les lieux solitaires ; mes pas me portaient inévitablement et, en quelque sorte, involontairement vers le moulin de la Scierie ; lorsque j'apercevais de loin Magdeleine, sa taille svelte, sa tête gracieuse, les tresses ondoyantes de sa chevelure, mon trouble augmentait. Unir ma vie à sa vie, ne plus me séparer d'elle jusqu'à ce qu'il plût à Dieu de dégager nos âmes des liens de la mortalité était mon seul rêve, ma seule ambition, mon seul bonheur possible sur cette terre. Ce que j'éprouvais n'était pas seulement un trouble du corps, mon âme, ce qu'il y a de plus intime, de plus subtil dans mon âme, étaient profondément affectés ; je compris que ma sympathie pour Magdeleine était devenue de l'amour.

Je résolus d'ouvrir mon âme à celle dont l'image y avait si profondément pénétré ; il me semblait que si mes sentiments étaient partagés, je pouvais ressaisir encore ce calme, cette vie tranquille et heureuse qui m'avaient abandonné.

C'était par une belle soirée d'automne ;
en proie à une agitation fiévreuse dont
la cause ne m'était que trop connue, je
m'étais engagé dans cette forêt de
hêtres séculaires qui est, en quelque
sorte, suspendue sur le château de La
Jonquières. Le temps était calme et
serein ; le soleil était sur le point de se
coucher ; ses rayons mourants projet-
taient encore une clarté rougeâtre sur la
cîme des sapins qui couronnent la montagne ; la lune montait lentement sur l'horizon ; sa pâle clarté ne se dégageait point
encore de l'éclat du jour ; un silence pro-
fond régnait autour de moi ; il n'était interrompu que par la clochette lointaine d'un
troupeau ou par le bruissement des feuilles
qu'agitait mollement la brise du soir.
J'aperçus Magdeleine tenant à la main un
de ces paniers rustiques, tressés avec des

branches de châtaigniers , de forme plate
et évasée , surmonté d'une anse en bois
recourbé ; elle ramassait des faînes que le
vent avait secouées et répandues avec profusion sur le sol de la forêt.

Je cours à elle ; je place sa main dans ma
main ; « je t'aime, Magdeleine , lui dis-je ,
» mais , rassure-toi , ce n'est point ici
» une de ces démonstrations banales
» si souvent en usage dans le monde ,
» une fantaisie superficielle qu'un jour
» voit éclore et qui le lendemain disparaît,
» un mouvement tumultueux de la matière ;
» mais un amour vrai , un amour pur,
» un amour dégagé de la grossièreté des
» sens ; c'est le cri de l'âme. Je me sens
» entraîné vers toi par une puissance morale
» à laquelle il m'est impossible de résister ;
» je veux associer ma vie à ta vie par

» l'âme, par le cœur, par des liens qui
» n'auront d'autre limite que la durée de
» notre vie terrestre, par des nœuds que
» tu acceptes librement, volontairement,
» qui soient approuvés par ta famille,
» bénis par la religion de nos pères ! »

« M. Henri, me répondit-elle avec une
» douce et noble simplicité, je connais
» votre bon cœur, j'étais convaincue
» d'avance que vous n'auriez jamais pour
» moi que des sentiments d'estime et de
» respect ; je vous en remercie ; mais,
» avez-vous bien réfléchi ? vous voulez
» faire de moi votre femme, moi, une
» pauvre fille sans position, sans fortune,
» sans aucun de ces agréments extérieurs
» auxquels on a vu quelquefois le monde
» faire des concessions ; vous faites-vous
» illusion au point de croire que votre

» père, naturellement bon , je le sais, mais
» qui a toujours porté si haut l'orguèil
» de son nom , de sa position sociale ,
» consentirait à marier son fils , son
» unique enfant , avec la fille de son
» meunier? détrompez-vous , M. Henri ,
» votre projet n'est point réalisable ;
» mon intelligence n'est pas cultivée
» comme la vôtre ; je ne suis qu'une
» pauvre fille , mais , croyez-moi, les
» femmes ont en ces matières des pres-
» sentiments , une délicatesse de tact
» auxquels ne peuvent pas atteindre les
» hommes les plus éclairés. En cédant
» à la passion qui vous entraîne , vous
» faites mon malheur et le vôtre. »

« Ma chère Magdeleine , lui dis-je à mon
» tour, ce que je veux en toi, c'est toi ; que
» m'importent la naissance, la fortune ,

» la position sociale ? Ne sommes-nous
» pas tous égaux devant Dieu, devant la
» raison que Dieu nous a donnée? Dois-je
» craindre que mon père gênera ma
» liberté? a-t-il le droit de le faire? et toi,
» ma bonne Magdeleine, peut-il te repous-
» ser? Plein de vénération pour la mé-
» moire de ma mère, ne sait-il pas que
» ma mère t'a aimée, qu'elle t'appelait
» aussi son enfant? que ses regards mou-
» rants se sont arrêtés sur toi ? Ne te
» préoccupes pas d'obstacles imaginaires ;
» aime-moi, dis-moi que tu m'aimes, que
» tes sentiments sont les miens, Dieu fera
» le reste. »

Je tombai aux genoux de Magdeleine!...
En ce moment le pâtre du hameau voisin,
averti par l'obscurité de la nuit, parut
dans la clairière, suivi de son troupeau

qu'il ramenait à l'étable ; sa présence inattendue et importune mit fin à une scène dont j'attendais avec tant d'impatience le dénouement ; Magdeleine prit le chemin du moulin ; je regagnai, tout ému, le château de La Jonquières.

Quels étaient les véritables sentiments de Magdeleine ? sa bienveillance, ses paroles affectueuses, ses objections, sa résistance, ses sinistres pressentiments , tout cela , tous ces faits contradictoires jetaient dans mon âme une douloureuse perplexité ; le calme que j'avais cherché, je ne l'avais point trouvé !

Quelques mois s'écoulèrent ; mes visites au moulin de la Scierie devenaient plus fréquentes, s'il est possible ; mon agitation était loin de s'apaiser.

Je voulais tout déclarer à mon père ; ma timidité naturelle, la crainte révérentielle, cette absence d'abandon réciproque qui a toujours régné entre nous, m'en empêchaient.

Des événements nouveaux ne tardèrent pas à se produire ; je marchais avec une effrayante rapidité et à mon insu vers un dénouement fatal ; les sinistres prédictions de Magdeleine allaient s'accomplir.

Mon père entra dans ma chambre ; avait-il deviné mes intentions ? obéissait-il à un mouvement spontané ? je l'ignore ; il s'assit à côté de moi ; j'étais occupé à écrire une lettre destinée à provoquer de la part de Magdeleine une explication définitive.

« Henri, me dit-il, vous avez vingt-

» deux ans ; le moment est venu de vous
» marier ; je puis mourir ; je quitterais la
» vie avec regret si je n'avais pas assuré
» l'avenir de ma race ; mais vous ne pouvez
» pas vous marier comme le premier venu ;
» notre famille , vous le savez et vous
» devez en être fier, est une famille illus-
» tre ; elle a joué de tout temps un rôle
» considérable dans notre histoire ; c'est
» un devoir pour vous de ne point déroger.
» M. de Causans, comte de *Suze Larousse*,
» qui, lui aussi, a dans sa famille d'il-
» lustres aïeux, propriétaire de magni-
» fiques domaines dans le Valentinois,
» a une fille âgée de dix-huit ans ; cette fille
» est belle, vertueuse ; elle vous appor-
» tera une dot avec laquelle vous pourrez
» soutenir plus dignement encore l'éclat
» de votre rang ; c'est la femme que je
» vous destine. »

La foudre éclatait sur moi ; j'étais attéré ;
le respect me fermait la bouche !

Je sentis enfin que j'étais homme ; que
Dieu m'avait donné la liberté et que, cette
liberté, j'avais le droit d'en user ; que
nul, pas même mon père, ne pouvait dis-
poser de ma vie !

« Mon père, lui dis-je, il y a une femme
» dans le monde que j'aime, la seule que
» j'ai aimée, la seule que j'aimerai dans
» ma vie, la seule que je veuille consentir
» à épouser ; cette femme c'est Magde-
» leine ! »

Mon père eut une défaillance ; mais
reprenant ses sens : « Magdeleine Laroche,
» la fille de mon meunier ! Jamais ! plutôt
» la mort que de consentir au déshonneur
» de ma famille ! »

« Mon père , lui répondis-je à mon
» tour, je ne connais point la fille de
» M. de Causans , du comte de Suze
» Larousse ; je la respecte, mais elle ne
» sera jamais ma femme ; je n'épouserai
» que Magdeleine ; Magdeleine ! où je
» m'enferme pour le reste de ma vie dans
» un couvent! »

Mon père , dont l'âme ne fléchissait
jamais, me fit comprendre par un langage
muet, mais significatif , qu'il ne cèderait
point ; qu'il aimait mieux me voir moine !

Voilà ce que les philosophes du jour lui
avaient enseigné !

FIN DE LA PREMIÈRE PARTIE.

II

Le couvent de Franquevaux.

Le temps marchait ; mon agitation allait
toujours croissant ; j'avais fait auprès de
mon père plusieurs tentatives qui étaient
restées sans résultat. Je m'apercevais même avec effroi que sa physionomie était
devenue plus sombre, sa parole brève et
sévère ; l'inquiétude, le découragement,
une espèce de dégoût de la vie s'étaient

emparés de sa personne. Que faire? Devais-je pousser la résistance jusqu'à la révolte? jeter le désespoir dans l'âme d'un vieillard respectable, livré à d'incroyables préjugés, mais qui était bon au fond et pour lequel je n'avais eu jusque là que des habitudes de docilité, de respect et d'amour? Je sentais que je ne pourrais jamais avoir ce courage. J'étais homme sans doute; en cette qualité d'homme j'avais des droits, mais j'avais aussi des devoirs : obéir à mon père était le plus impérieux de ces devoirs, un devoir commandé tout à la fois par la loi de Dieu et par la loi humaine, l'un des plus fermes appuis de l'ordre social.

Une autre idée me préoccupait : Magdeleine ne s'était point expliquée ; j'avais de fortes raisons de croire à son amour ;

mais ne devais-je pas faire aussi la part de
ses hésitations , de ses craintes , de sa
résistance?

Les instructions de ma mère avaient
jeté en moi des habitudes de piété,
d'ascetisme, une certaine aversion pour le
monde ; je me sentais entraîné , par une
pente irrésistible, vers la solitude : « là,
» du moins, me disais-je , je serai avec
» Dieu , je vivrai dans la contemplation
» de ses œuvres, je me perdrai dans les
» abîmes de son amour , de ses perfec-
» tions infinies ! Cette vie si courte ,
» vaut-elle la peine que l'on cherche à s'y
» établir ? Ne devons-nous pas nous préoc-
» cuper exclusivement de la vie à venir,
» de cette vie qui n'aura pas de fin, dont
» le sort, éternellement heureux ou mal-
» heureux , dépendra peut-être de notre

« vie ici-bas? Dieu est bon, sans doute ; il
» est aussi bon qu'il est grand ; il aura les
» mains pleines de pardon, de miséricorde
» pour notre faiblesse ; mais sa miséri-
» corde n'exclut point sa justice. »

Je pris la résolution définitive d'entrer
dans un couvent.

Le directeur de ma conscience me laissa
le choix de l'ordre auquel je voulais appar-
tenir. J'avais lu, sur les genoux de ma
mère, l'histoire de saint Bernard, de cet
illustre propagateur de la foi chrétienne
dans le xi° siècle ; j'avais assisté par la
pensée à ses luttes héroïques contre les
hérésies d'Abelard ; je savais qu'il avait
introduit des réformes nécessaires dans
l'ordre de Citeaux, fondé par saint Benoît
au ix siècle, et auquel il avait eu définiti-

vement la gloire de donner son nom ; je choisis l'ordre des *Bernardins*.

Une considération d'une autre nature ne fut pas sans influence sur ma détermination ; l'ordre des Bernardins rend un culte spécial aux pauvres, aux malheureux, aux voyageurs égarés ; il laisse une large part au travail, au travail réparateur qui est aussi une institution de Dieu, puisque Dieu en a fait une condition de notre vie terrestre.

L'on sait que la coutume canonique reconnaissait deux sortes de vœux ; les vœux secrets et les vœux solennels. Je demandai à être consacré par les vœux solennels ; je voulais, autant qu'il était en moi, enchaîner ma volonté, prévenir le retour des passions, me river à l'autel !

Le 5 mai 1782, je fus conduit sous les voûtes sombres de la cathédrale de Grenoble, et là, en face de l'autel illuminé, les genoux en terre, au chant religieux de l'orgue, je prononçai, à haute voix, les paroles sacramentelles qui constataient ma renonciation au monde. On posa sur mes épaules le manteau capuchonné en bure grossière qui est le signe caractéristique de l'ordre; on ceignit mes reins avec la ceinture de corde et l'on me rasa la tête. Au moment où le froid de l'acier toucha pour la première fois ma chevelure, je sentis un retour des sens, un mouvement tumultueux vers le monde qui ne cédèrent qu'à l'énergie de ma volonté.

Tout était consommé.

En rentrant, dans la soirée, au château
de La Jonquières, Joseph, l'un des servi-
teurs de mon père, le confident de mes
faiblesses, me remit une lettre de Magdeleine ; je la transcris ici :

      Monsieur Henri ,

« Le sacrifice est accompli ; vous êtes
» mort au monde ; vous avez bien fait peut-
» être de vous détourner d'une voie au
» bout de laquelle vous n'auriez rencontré
» que votre malheur et le mien ; je vous
» aime, Henri ; je passerai le reste de mes
» jours à vous aimer ; je ne me marierai
» point ; je consacrerai ma vie à veiller sur
» mon père et surtout sur ma mère dont
» la santé débile ne peut supporter que
» difficilement les épreuves de cette vie ;

» soyez heureux si c'est possible ; lorsque
» vous serez loin de moi, que la lune mon-
» trera sur l'horizon , que vous entendrez
» dans le lointain la clochette du troupeau,
» rappelez-vous notre entrevue dans la
» forêt ; l'idée que , loin de moi, vous
» pensez à moi , me consolera, me sou-
» tiendra ; s'il ne nous a pas été donné
» d'être unis dans ce monde, j'ai confiance
» en Dieu, nous serons unis , je l'espère,
» dans un monde meilleur : dans ce monde
» où l'amour, débarrassé de l'enveloppe
» grossière des sens, se transforme et
» s'épure aux rayons de la divine beauté. »

La parole humaine est impuissante à
exprimer les mouvements intérieurs que
produisirent en moi cette lettre de Magdeleine, ses aveux tardifs, ses vœux ardents
pour moi et pour mon avenir ; elle ne m'a

plus quitté cette lettre ; elle est là, sous mes yeux, au moment où je trace ces lignes ; elle descendra avec moi dans mon tombeau.

Le supérieur de l'ordre des Bernardins, dont l'établissement principal était à Paris, auquel je devais désormais une obéissance absolue, ordonna que je serais transféré dans le couvent de *Franquevaux*, au diocèse de Nimes.

Je dis un éternel adieu au château de La Jonquières, aux sapins sourcilleux qui couronnent la montagne, au tombeau de ma mère ! mes regards se portèrent une dernière fois sur le cyprès orgueilleux du moulin de la Scierie ; mon âme s'élança vers Magdeleine, Magdeleine, cause innocente de mes malheurs et qui, sans les étranges aberrations de nos sociétés modernes, aurait été, ici-bas, ma félicité suprême.

Je pris la route de Franquevaux, accompagné du frère de ma mère, de Joseph, le fidèle serviteur de mon père, le confident discret de mes peines, cœur droit, intelligence élevée, et qui, lui aussi, était une victime des égarements de notre raison.

Nous étions au **28** du mois de mai; la vallée du Grésivaudan, les longues plaines qui bordent le Rhône étaient splendides ; les arbres étalaient à travers l'horizon une végétation luxuriante que les grands jours de l'été n'avaient point encore décolorée ; des milliers d'oiseaux se faisaient entendre dans les buissons des chemins; la nature entière était en habits de fête et contrastait d'une manière étrange avec le deuil de mon cœur.

Nous saluâmes, en passant, Valence, sa cathédrale antique, ses flèches élancées, les sombres caveaux où reposent depuis peu les dépouilles mortelles de Pie VI, de cet illustre martyr des révolutions.

Montélimar, agglomération gracieuse, que ceinturent les eaux torrentielles du Roubion et dont les pieds sont, en quelque sorte, plongés dans la verdure des prairies.

Orange, berceau glorieux de cette dynastie hollandaise qui a présidé pendant trente ans aux destinées de l'Angleterre.

Avignon, chef-lieu de la chrétienté au

xiii⁰ siècle, ses remparts élégants, ce
gigantesque château, témoin muet mais
irrécusable du génie et de la piété de nos
pères.

L'église de Tarascon où dorment, depuis
dix-huit siècles, les reliques de sainte Mar-
the, cette bienheureuse servante du Christ

Nous laissions à notre droite Nimes,
grande et noble cité, la Rome des Gaules,
sa couronne de monuments, théâtre du
martyre de saint Bausile, trop célèbre
par ses dissensions religieuses. Le siége
épiscopal que le flot révolutionnaire ne
devait pas tarder à emporter ¹, était
occupé par Mgr Becdelièvre, vénérable prélat, digne de servir de modèle à

---

1 On sait que l'Evèché de Nimes fut supprimé en 1789.
il ne fut rétabli qu'en 1821 (Note de l'éditeur).

ceux qui viendront après lui ; il appartenait
à une famille illustre ; il avait une haute
taille, une physionomie distinguée, en harmonie avec ses augustes fonctions ; c'était
un véritable serviteur du Christ, empreint
de tolérance, de piété vraie, de charité
chrétienne ; à ses yeux tous les hommes
étaient frères quels que fussent leurs cul-
tes et leurs rangs, tous enfants de Dieu,
tous rachetés par le sang du Christ ; il a
eu cet insigne honneur que sa vie a été
écrite avec des larmes par une plume dis-
sidente [1] ; et l'on ne sait véritablement ce
que l'on doit le plus admirer du panégé-
riste ou du héros ; dans les dernières
années de sa vie, Monseigneur Becdelièvre

---

[1] Rabaut-Saint-Etienne a écrit la vie de l'évêque Becdelièvre : c'est une œuvre aussi remarquable par la beauté
du style que par le sentiment ; c'est à cela que fait, sans
doute, allusion l'auteur des mémoires (note de l'éditeur).

visita plusieurs fois le couvent de Franquevaux ; je me suis incliné avec mes frères
sous les bénédictions de ce vénérable vieillard ; je vois encore d'ici sa noble tête ;
il mourut, comme doit mourir un évêque,
sans dettes et sans biens ; dans ce monde
où tout s'efface si vite il a laissé après lui
une longue trace de vénération respec-
tueuse et de regret.

Afin de me conformer aux instructions
de mon directeur, je visitai l'église romane
de Saint-Gilles, les magnifiques sculptures
de son portail, sa vis merveilleuse ; à peu
de distance de là, en pleine campagne, je
m'agenouillai dans la grotte rustique,
où saint Gilles, disciple des premiers
apôtres du Christ, avait caché, pendant
tant d'années, son humilité, sa sainte
ferveur.

Le troisième jour après notre départ nous étions à Franquevaux.

Le frère servant me conduisit, par ordre de l'abbé, dans la cellule qui m'était destinée ; il n'y avait d'autres meubles qu'une chaise en bois de saule, une petite table en sapin, un lit en planches sur lequel on avait étendu une couchette sans oreiller ; la .fenêtre, de forme étroite, donnant sur le midi, n'était fermée que par des volets ; la lune, en ce moment sur l'horizon, passait à travers les planches mal assemblées ; sa pâle clarté se projettait sur les dalles du pavé ; un rayon égaré éclairait un crucifix en ébène suspendu au dessus de la table ; je tombai à genoux au pied de mon lit.

« C'est donc ici, mécriais-je, que doit

» désormais se concentrer ma vie ! Mon
» Dieu ! tu sais combien j'ai toujours été
» soumis à ta volonté puissante ; en obéis-
» sant à mon père, j'ai cru me conformer
» à tes inspirations ; donne-moi la force
» d'accomplir jusqu'au bout le sacrifice
» imposé à ma faiblesse ! »

Je ne pouvais pas dormir; je restai
droit pendant toute la nuit; j'allais de mon
lit à la chaise, de la chaise à mon lit; j'ou-
vris, à plusieurs reprises et comme ma-
chinalement, les volets de la fenêtre ; je
voyais sous mes yeux un immense amas
d'eau miroitant sous la clarté de la lune
et que je prenais pour la Méditerranée ;
cédant enfin à la fatigue, aux impressions
du voyage, à ce besoin de conservation
qui agit en nous, même contre notre volonté, je fus entraîné, je ne dis pas dans

le sommeil, mais dans une espèce de lé-
thargie fiévreuse qui n'est point le sommeil et qui était accompagnée de rêves
bizarres; je crus voir la grande et noble
figure de ma mère; elle était pâle, ses
traits étaient légèrement contractés, mais
il y avait sur toute sa personne une sérénité calme, une auréole presque divine;
l'on aurait dit une de ces saintes femmes
que l'on rencontre sur les toiles de Velas-
ques et de Murillo; elle se pencha sur
mon lit.

« Mon fils, me dit-elle, dans quel état je
» te revois? Quel est ce costume étrange?
» Qu'est devenue cette belle chevelure que
» je caressais jadis avec amour? Est-ce là
» ce que j'avais rêvé pour toi? notre devoir
» est d'aimer Dieu, sans doute, de nous
» humilier devant sa puissance, de sou-

» mettre notre volonté à sa volonté sou-
» veraine, mais Dieu ne veut pas que l'on
» mutile ainsi sa créature; Celui qui a ré-
» pandu avec tant de profusion la ver-
» dure, la lumière, le parfum des fleurs, ne
» défend pas les chastes amours, les inno-
» centes joies, les douces et vives sympa-
» thies de la famille! il ordonne à l'homme
» de ne pas abdiquer sa volonté, la liberté
» qu'il lui a donnée; de s'associer par le tra-
» vail à l'œuvre de la création; de contri-
» buer, autant qu'il est en lui, au bonheur
» de ses semblables, de ne pas leur dé-
» rober le concours utile de sa person-
» nalité, de son activité; tu as méconnu
» la loi de la raison, tu t'es écarté de la
» voie de Dieu! »

La cloche du couvent annonça, à toute
volée, la prière du matin; le songe cessa:

ma mère disparut, mais ses paroles, empreintes du souffle d'en haut, restèrent; elles se gravèrent profondément dans mon âme et ont été pour moi, depuis lors, le texte des plus sérieuses méditations.

A la partie inférieure de la vallée du Gardon, au point où les eaux torrentielles de cette rivière vont se perdre dans le cours du Rhône, s'élève une chaîne de collines argileuses recouvertes d'une couche épaisse de cailloux roulés, arrachés par la violence des eaux aux flancs escarpés des Alpes cottiennes; cette chaîne se dirige vers le Midi; elle sépare la vallée du Rhône de la vallée du Vistre, laisse à gauche Beaucaire, Bellegarde, Saint-Gilles; à droite Nimes, Vauvert, l'immense plaine que limite au couchant l'étang de Mauguio et va se baigner par une pente douce, dans la Méditerranée ou plutôt dans les étangs salés qui bordent ses plages.

C'est sur le versant méridional de cette chaîne, à peu près à une égale distance des étangs et de la partie supérieure du dernier mamelon, qu'a été élevé le couvent de Franquevaux (vallée franche, vallée affranchie).

Il fut bâti en l'année 1143 ; la place qu'il occupe, ses vastes dépendances furent concédés gratuitement par Rossolin, seigneur de Lunel et du Caylar, et par un gentilhomme du lieu de Posquières, nommé Guillaume Pons, pour remercier Dieu, l'un et l'autre, de ce qu'ils avaient accompli heureusement la deuxième croisade, à cette condition que l'œuvre serait consacrée à perpétuité au soulagement des pauvres, des malheureux, *des voyageurs égarés ;* pensée touchante, élan de bonté et de charité, souvenir pieux des souffrances de la Terre-Sainte !

En l'année 1156 Raymond VI, comte de Toulouse, cœur généreux, mais faible, sur lequel devaient s'appesantir si lourdement les humiliations de l'Eglise, enrichit le monastère de ses dons.

Plus tard, vers la fin du xiiie siècle, Guido Foulques, originaire du lieu de Saint-Gilles, qui monta dans la chaire de Saint-Pierre, sous le nom de Clément IV, en souvenir de son pays natal, comme aussi pour témoigner sa satisfaction de la réception faite par le couvent au roi saint Louis partant pour la terre sainte, lui avait envoyé, avec sa bénédiction apostolique, un

cheveu de saint Pierre. Cette sainte relique
fut placée dans une crypte pratiquée sous
les marches de l'autel, d'où elle ne sortait
que pour être exposée, les jours de fêtes
solennelles, à l'adoration des moines, à
la piété des populations environnantes qui,
venaient assister à nos cérémonies.

Le but principal du couvent de Franquevaux, la pensée première et charitable
qui avait présidé à sa création étaient d'offrir un asile gratuit et sûr aux voyageurs
qui se rendaient du bas Languedoc dans la
Provence méridionale, en suivant le bord
de la Méditerranée, à une époque où les
moyens de transport étaient incomplets,
les routes mauvaises, infestées de voleurs
et d'assassins. A notre époque de civilisa-
tion avancée, nous sommes trop dédai-
gneux, trop injustes pour le passé; les

établissements hospitaliers eurent, au moyen-âge, leur raison d'être ; ce fut un effort de nos pères, une étape dans la marche pénible de l'humanité, un point d'appui à l'aide duquel nous avons pu nous élever à des destinées meilleures.

Les hauteurs qui dominent le couvent offrent un spectacle admirable ; le voyageur aperçoit, en face de lui, l'étang de Scamandre, dont le bassin plus bas que la mer, est alimenté par les eaux du ciel qui tombent sur les plaines supérieures où descendent en abondance des collines voisines ; la Méditerranée, sa surface bleue se confondant avec l'horizon lointain ; au delà, cette vieille terre d'Afrique où vivent encore de grands souvenirs, théâtre glorieux des saintes ferveurs de saint Augustin, et que tout nous porte à croire devoir être appelée à un avenir meilleur ; à droite, la vieille cité de saint Louis, ses remparts dentelés, sa tour cyclopéenne, les voûtes sombres où gémirent, pendant tant d'années, de tristes et innocentes victimes ; à gauche, Arles, la ville de Constantin, la patrie de saint Césaire, de saint Honorat, qui ne semble avoir abdiqué ses grandeurs politiques et religieuses que pour saisir la couronne agricole et devenir la terre nourricière des contrées qui l'environnent ; les Saintes-Maries, pieuse légende, embellie par l'imagination du roi Réné. Au nord du monastère se cachent Beauvoisin, Générac, Vauvert, leurs vignobles européens ?

Ce ne sont pas là, sans doute, les bords embaumés et gracieux de l'Isère, les prairies émaillées de fleurs du château de La Jonquières, les touffes de verdure, les cascades bruyantes du moulin de La Scierie ; mais cette nature plus puissante que belle, ces horizons sans fin, éclairés par une lumière éblouissante, ces grandes et nobles cités, tout cela ne répugnait point à mon cœur ; j'y voyais, tout à la fois, la puissance de Dieu et l'intelligence de l'homme ; je m'élevais par la pensée vers Celui par qui tout existe !

Pourquoi faut-il qu'à un autre point de vue, mes illusions se soient évanouies ? que les tristes prédictions de ma mère se soient fatalement, inexorablement accomplies ? que mon âme ait été si profondément attristée de ce que j'ai vu et dont le monde ne se doute peut-être pas ?

L'homme qui se fait moine cesse d'être homme ; il abdique, entre les mains d'un autre homme, qu'il appelle *son supérieur,* son indépendance, sa dignité, la liberté que Dieu lui a donnée et qui est une des plus nobles prérogatives de l'humanité ; c'est une créature mutilée, un homme moins l'homme ; les pratiques religieuses ne sont pour lui qu'une habitude, une momerie sans cesse renaissante à laquelle le cœur ne prend aucune part ; il y a loin de là à la prière d'un père de famille appelant la bénédiction du ciel sur sa femme et sur ses enfants, devant son humble foyer ! L'homme cloîtré vole à ses semblables un concours qui leur appartient : il ne travaille point ; il ne contribue point à la reproduction de la richesse générale ; il laisse à des hommes gagés, à d'autres moines moins complets que lui, qu'il appelle *novices,* le soin trop lourd de cultiver les terres du couvent, de lui amener sa nourriture ; il ne cherche point à perfectionner son intelligence ; à quoi bon la science dont il ne pourrait pas se faire honneur aux yeux du monde ? n'a-t-il pas fait vœu d'humilité [1] ?

Le moine voit mourir son semblable avec une indifférence, une apathie dont on demeure confondu et, en quelque sorte, humilié ; peut-il en être autrement ? La mort n'est-elle pas une délivrance ? Et puis, est-ce bien un homme qui meurt ? On a la prétention de dompter

[1] On me citera *les Bénédictins* : je n'ai pas d'objection à faire ; je ne parle pas des exceptions ; je ne parle que de ce que j'ai vu, de ce qui est certainement la règle générale ; je rends un hommage mérité à ces illustres cénobites qui eurent le courage de secouer la torpeur du cloître et ont jeté une si vive lumière sur les sciences, sur la littérature et sur les arts (*note de l'auteur*).

les sens, mais les sens se révoltent ; la
vie devient exubérante ; le fer est obligé
d'intervenir [1] ; le mal résiste, et la lutte
se termine, d'ordinaire, par la folie ou
l'idiotisme !

J'ai été moi-même une bien triste victime
de cette révolte des sens. Que de fois mon
âme s'est élancée à travers les barreaux du
cloître dans ce monde que j'avais témérai-
rement abdiqué ! vers ces chastes affections
qui avaient été le charme de ma jeunesse,
et qui n'étaient peut-être qu'une inspira-
tion d'en Haut ! Que de fois n'ai-je pas
arrosé de mes larmes ma couche solitaire !
J'aurais voulu rompre mes vœux ; je n'osais
point ; c'était manquer à une promesse

---

[1] C'est ce qu'on appelle, en style canonique, *minuere
monachum*, diminuer, amoindrir le moine.

solennelle faite au pied des autels ; et puis, l'avouerais-je ! je redoutais cette épithète humiliante de *moine défroqué*, que n'aurait pas manqué de me jeter à la face un monde railleur !

Mon Dieu ! je te rends grâce, non pas de ce que je ne suis point mort, la mort aurait été un bien pour moi, mais de ce que j'ai survécu à la mort ; de ce que, au milieu de mes étreintes morales, mon intelligence est restée debout !

Afin de faire diversion à ma peine, de rentrer, autant qu'il était en moi, dans le monde, et, dans la mesure de mes forces, lui être utile, obéissant d'ailleurs à une passion innée, j'avais obtenu du supérieur l'autorisation de diriger les travaux agricoles du couvent ; je défrichai des terrains incultes, je multipliai les engrais, j'approfondis les labours, je plantai des vignes dans des terrains caillouteux et sans valeur; les revenus de l'établissement augmentèrent d'une manière notable; les paysans des environs suivirent mon exemple et, j'ose le dire, sans que l'on puisse m'accuser d'un amour-propre déplacé, mes travaux n'ont pas été sans influence sur la prospérité, sur l'avenir de la contrée.

Voilà le milieu dans lequel j'ai vécu, dans lequel j'ai été contraint de vivre pendant huit années sans interruption, en proie, le plus souvent, à d'indicibles angoisses et par fois aussi — la Providence miséricordieuse verse toujours un peu de baume sur les plaies de la plus humble créature — me livrant à cette douce satisfaction de l'homme qui travaille, qui produit, et qui contribue ainsi au bien-être de l'humanité.

Semblable au sinistre vent du désert, un souffle brûlant courait dans l'atmosphère et pénétrait, à travers les grilles, jusque dans les murs du couvent. On entendait circuler des bruits étranges ; les voyageurs auxquels nous donnions un asile les confirmaient, les détaillaient, les commentaient ; une révolution était imminente, ou plutôt, une révolution avait éclaté.

Je reçus de mon père la lettre suivante :

« Mon cher fils,

» La révolution triomphe ; les senti-

» ments politiques auxquels je m'étais as-
» sociés sont dépassés, comme cela arrive
» d'ordinaire ; le mal fait déjà des victi-
» mes ; où tout cela s'arrêtera-t-il ? Ma per-
» sonne n'est plus en sûreté ; les biens de
» notre famille vont être confisqués, dit-
» on , au profit de la nation ! Je vais cher-
» cher un refuge sur la terre étrangère,
» dans quelque coin écarté de l'Europe où
» la tempête révolutionnaire n'ait pas en-
» core pénétré. J'ai pesé fatalement sur ta
» vie, mon cher enfant, par des sentiments
» que la raison condamne et dont je suis ,
» aujourd'hui, une bien triste victime.
» Au fond de ta cellule dans laquelle mon
» âme accompagne ces lignes, reçois, avec
» mes excuses et mon repentir, mon der-
» nier adieu ! Pardonne-moi, prie Dieu
» pour moi ! Nous reverrons-nous encore
» une fois sur cette terre ? Dieu seul le sait ! »

Mon père proscrit, mon père dans l'exil, mon père à mes genoux ! Il ne manquait plus que cet appoint à mes misères ! Tu veux que je te pardonne, mon père, ah ! oui je te pardonne, ou plutôt, je t'ai déjà pardonné ! N'as-tu pas été, dans tout le cours de ta vie, un homme bon, généreux, ami des pauvres ? Ta tendre sollicitude n'a-t-elle pas veillé sur mon enfance ? N'est-ce pas ta main pieuse qui a fermé les yeux de ma bonne mère ? Tu as eu des travers, sans doute, quel homme n'a pas les siens ? qui, moins que toi, a payé son tribut à l'infirmité humaine ? Oui je te pardonne ! s'il restait encore dans mon âme la moindre trace de ressentiment, je suis prêt à la racheter avec mon sang ; mon cœur me le dit : Dieu, dont la justice n'est pas la justice des révolutions, te pardonne aussi ; il récom-

pensera tes solides vertus et sera plein
de miséricorde pour tes faiblesses !

Je n'ai plus eu de nouvelles de mon
père !

La révolution marchait à grand pas.
Au nom de je ne sais quelle autorité,
on nous déclara que nos vœux étaient
rompus, le couvent dissous, ses biens
confisqués, que nous eussions à nous
disperser immédiatement ! Le porteur de
cet ordre était accompagné d'hommes
déguenillés, l'insulte et le blasphême
à la bouche, de ces figures sinistres
qui, dans les temps calmes, grouil-
lent dans les bas-fonds de la société,
et que les révolutions seules amènent à
la surface. Ils pillèrent le couvent et,
joignant le sacrilége au vol, démolirent

l'église : « *l'Eglise était inutile*, disaient-ils, *on avait aboli le culte de Dieu ! on devait le remplacer dans peu par le culte de la raison qui se célèbrerait en plein vent !* L'espèce humaine peut-elle descendre plus bas ?

Je dois dire, pour être juste, que les habitants de la contrée ne prirent aucune part à ces exécutions honteuses.

Après avoir répandu sur nous sa bénédiction paternelle, notre supérieur prit, à travers champs, la direction de la ville de Nimes où il avait l'espoir de rencontrer de vieux amis. Il fut trouvé mort, peu de jours après, la face contre terre, la main droite fortement appuyée sur le cœur, dans un fourré du bois de Candiac. Avait-il été victime d'un accident? succombait-il sous le poids accablant de ses peines morales? le froid de la nuit avait-il engourdi cette nature si frêle, ce corps déjà refroidi par les ans? je l'ignore; l'abbé Aimar [1] était un vieillard respectable, d'une piété vraie, sévère pour lui et pour les autres dans l'exécution de la règle, moins par l'effet de son caractère, naturellement bon, que parce que, dans ses fonctions, il se considérait comme le ministre dévoué, impitoyable, des volontés de Dieu. A ses yeux l'homme devait s'effacer devant le moine.

En apprenant cette fin si triste, je ne pus m'empêcher de réfléchir sur la marche des révolutions, sur les malheurs de toute

[1] Son nom de famille était *Tisserandet*, en religion frère Aimar; ce nom n'est pas encore entièrement effacé dans les souvenirs de la contrée!

nature qu'elles traînent après elles; je donnai des larmes à sa mémoire !

Quelques religieux se répandirent dans les campagnes voisines et devinrent valets de ferme.

Je me dirigeai vers le levant, sans but arrêté. A la chûte du jour, j'étais sur la rive droite du Rhône; je traversai le fleuve sur une petite barque de pêcheur, et me trouvai au hameau d'Albaron, dans l'île de la Camargue.

FIN DE LA DEUXIÈME PARTIE.

III

L'île de la Camargue — la Mort

Que devenir? Je ne me sentais pas la force de retourner dans mon pays natal; mon père et ma mère étaient morts, mes biens confisqués, ma famille dispersée; irais-je étaler aux yeux de ceux qui m'ont connu, de mes amis, de ces amis que j'ai quittés, le spectacle humiliant de ma nudité, de mes misères? Magdeleine m'a-t-elle gardé sa foi? en admettant que cela soit, ce dont mon cœur ne doute point, pourrais-je lui offrir un cœur que des vœux indissolubles ont enchaîné à l’autel? La démagogie en délire a pu détruire et fouler aux pieds mon serment, Dieu, qui l’a reçu, a seul le droit de m’en affranchir !

Je pris la résolution de cacher ma vie dans les plaines désertes où le hasard m’avait jeté, d’utiliser quelques connaissances agricoles acquises au couvent, d’attendre paisiblement qu’il plût à Dieu de me retirer d’un monde qui était pour moi si amer.

Albaron est un hameau pittoresque, assis sur la rive gauche du Rhône, au sommet d’un triangle que forme, en cet endroit, le cours désordonné du fleuve; il est entouré de plaines fertiles, de fermes opu-

lentes; des arbres gigantesques ombragent
les maisons ou plutôt les cabanes dispersées qui le composent.

Albaron a été fondé, au ixᵉ siècle, par
des Arabes qui lui ont donné son nom;
c'était un établissement militaire, une
espèce de camp improvisé; retranchés
derrière cette fortification, les sectateurs
de Mahomet rayonnaient dans toutes les
directions; ils remontaient le Rhône,
côtoyaient la Méditerranée, volant les ré-
coltes, rançonnant les populations agglo-
mérées, détroussant les voyageurs égarés;
ils ont laissé là une preuve matérielle et
incontestable de leur passage, des chevaux
qui descendent évidemment de la race
arabe, la plus noble race connue. Ne pour-
rait-on pas ramener les *chevaux Camargues*
à leur type primitif, les rendre plus pro-

pres aux exercices de la guerre, aux usages de la vie privée par des soins domestiques mieux entendus, par une nourriture plus régulière et plus substantielle?

Les rois d'Arles, dont les terres avaient été si souvent envahies par les Arabes d'Albaron, les expulsèrent les armes à la main; afin de prévenir le retour de ces brigands amphibies, ils élevèrent là une forteresse et construisirent en même temps deux tours colossales, l'une sur la rive gauche, l'autre sur la rive droite, destinées à fermer l'embouchure du Rhône à leurs embarcations; l'une de ces tours est encore debout; on est allé jusqu'à soutenir qu'ils avaient pratiqué un passage sous l'eau pour communiquer d'une tour à l'autre; l'on montre une grotte qui aurait servi d'entrée à cette voie sous-marine, à cette espèce de pont renversé; mais

ce point archéologique est loin d'être cer-
tain ; une étude attentive des faits me laisse,
à cet égard, les doutes les plus sérieux.

Dans les premiers mois de mon séjour à
Albaron, libre de l'emploi de mon temps,
je faisais des courses dans les contrées environnantes ; je visitai le château d'Avignon, la plus vaste propriété territoriale
du midi de la France, l'étang du Valcarès
qui en est une dépendance, immense amas
d'eau, véritable mer intérieure ; Signoret,
le Pont-de-Rousty, riches maisons de campagne, établies sur un lit du Rhône abandonné ; l'abbaye de Saliers, habitée naguère
par un commandeur de l'ordre de Saint-
Jean-de-Jérusalem et dont la révolution
venait aussi d'ouvrir les portes.

Un soir, c'était au printemps de l'an-

née 1796, le jour commençait à baisser,
une légère brume s'élevait de la surface
de la Méditerranée, et, poussée par la
brise du Sud, envahissait peu à peu la
vallée inférieure du Rhône ; le temps
était calme, le silence n'était interrompu
que par le chant monotone d'un marinier
conduisant, aux embouchures du fleuve,
une barque chargée de pierres et l'abandonnant gaiement au courant; je m'assis sur les ruines de la vieille tour; j'a-
vais, en face de moi, le château de La
Motte, à mes pieds l'eau de la rivière s'ache-
minant paisiblement, mais inévitablement
vers la mer, comme l'homme s'achemine
vers le tombeau. Le coude appuyé sur le
genoux, la tête sur la main, je méditais
sur les bizarreries de ma destinée — elle
en a eu qui n'ont été que pour moi. —
L'être souverainement bon, me disais-je,

ne nous aurait-il créés que pour nous jeter
ainsi en pâture au malheur ? Est-il possible
à notre raison d'admettre que l'homme
juste ne soit pas dédommagé un jour des
épreuves d'ici-bas ? En présence de ces con-
sidérations si simples, qu'une philosophie
orgueilleuse ne voit point, parce que la
passion ne voit pas et ne veut pas voir, je
me sentais saisi par la certitude de l'immortalité de l'âme et comme par l'avant-
goût d'un monde rénumérateur ; cette
douce perspective me consolait ; c'était
pour moi la manne dans le désert, la plan-
che providentielle du naufragé !

En m'abandonnant au cours de mes
pensées, je fus amené à réfléchir aussi
sur cette révolution immense dont nous
venions d'être les témoins, qui s'était
produite au dehors sous des formes si

effrayantes, qui avait remué, transformé
le monde.

Quelles sont les causes qui ont amené
ce cataclysme?

Des hommes superficiels ont dit : la révolution de 1789 est due à un déficit dans les
finances ; d'autres l'ont attribuée à ces
doctrines dissolvantes enfantées par la
philosophie et l'athéisme du xviiie siècle.

Ce sont là des erreurs.

La société française, qui a précédé 1789,
avait méconnu audacieusement le principe
de l'égalité humaine, de l'égalité primitive;
elle était partagée en deux classes qui
ne se mêlaient point ; l'une de ces classes
était tout, l'autre n'était rien ; non-seule-

ment elle n'était rien , mais on la flétris-
sait par des dénominations humiliantes ,
insultantes ; qui le sait mieux que moi ?
qui , plus que moi , en a souffert?

Ceux qui n'étaient rien supportaient
seuls , ou à peu près , la dîme , les impôts,
la glèbe , les corvées , la mainmorte ;
seuls ils avaient le front courbé vers la
terre ; seuls ils nourrissaient la France de
leurs sueurs !

Le peuple était sans droit, sans garanties,
le pouvoir sans contrôle , la nation tout
entière livrée à un arbitraire effrayant.

Voilà les causes réelles qui ont provoqué
la révolution ; elles sont là et non
ailleurs.

La révolution de 1789 a été bonne ; elle

était devenue nécessaire; 1789 sera une date glorieuse dans l'histoire du monde ; c'est là que commence l'ère des sociétés modernes ; c'est le phare immense dont les clartés lumineuses et civilisatrices guideront désormais la marche de l'humanité !

Je déplore, et tout honnête homme doit déplorer, les excès que le bon droit a cru devoir appeler à son aide ; ces excès, rien ne les justifie, mais ils s'expliquent, dans une certaine mesure, par des résistances injustes et intéressées.

Il en est des révolutions comme des orages ; les orages balayent l'atmosphère et amènent la sérénité ; les révolutions *légitimes* rétablissent l'équilibre dans le monde moral !

C'est une règle politique à laquelle je ne

connais point d'exceptions : *la violation des droits naturels de l'homme amène fatalement les révolutions*. Heureux les peuples dont les chefs savent les prévenir par de sages concessions ; mais jusqu'ici, il faut le dire, les annales des nations n'offrent que peu d'exemples de cette prudence dans les sacrifices.

J'étais absorbé par ces méditations, lorsque l'horloge du hameau et le cri lugubre d'un oiseau de nuit m'avertirent que le moment était venu de gagner ma demeure.

A peu près à la même époque, je fus appelé à diriger l'exploitation agricole du domaine de l'*Auricet*, situé à quelques milles au nord d'Albaron.

Le petit Rhône se détache, comme on

sait, de la branche principale un peu
au-dessus du faubourg de la ville d'Arles,
connu sous le nom de *Trinquetaille*; il se
dirige de là vers le sud-ouest, laisse,
à sa droite, Fourques, Bellegarde,
Argence, le *Pons OErarius* des Romains,
le coteau pierreux sur lequel est assise
la ville de Saint-Gilles. A quelques milles
en aval de cette ville, il forme un
immense coude, une espèce d'oreille
dont le sommet pénètre profondément
dans les plaines du Languedoc; c'est
dans ce pli du fleuve, dans cette oreille,
qu'est situé l'Auricet (*Auricula*, oreille du
Rhône, de là Auricet, l'Auricet).

L'Auricet était jadis une dépendance
du domaine conventuel de Saliers, appartenant à l'ordre religieux et militaire de
Saint-Jean-de-Jérusalem; le sol y est fertile,

la végétation luxuriante , un vaste marais
qui le borde du côté du levant fournit ,
en abondance, des poissons d'eau douce,
des herbes palustres que l'on convertit en
engrais ; c'est un de ces gracieux oasis sur
lesquels les yeux se reposent agréablement
au milieu des plaines salées de la Camargue.

L'Auricet était habité à l'époque romaine
et même antérieurement ; il ne peut pas
y avoir de doute sur ce point :

Il était, en quelque sorte, contigu à
l'antique ville d'Héraclée [1] , bâtie par une,

---

[1] Pline (*Histoire naturelle*, livre iii, chapitre iv) parle de
de cette ville; voici ses propres expressions : *Sunt aucto-*
res et Heracleam oppidum in ostio Rhodani fuisse.
Estienne de Bysance compte vingt-trois villes du nom
d'Héraclée (dédiées à Hercule, en grec *Heraclès*). La
onzième, dans son énumération, est celle des Gaules,
aux embouchures du Rhône.

Le mot *fuisse*, employé par Pline, indique que de son

colonie Dorienne, 700 ans avant l'ère chrétienne, un peu avant la fondation de Marseille; il n'en était séparé que par les eaux du Rhône.

temps, l'Héraclée des embouchures du Rhône n'existait plus

La vieille cité d'Héraclée occupait la place où est bâti le château d'*Espeiran*, et surtout une vaste terre, voisine de ce château; cette terre est connue sous le nom de l'*Argentière* parce que l'on y découvre journellement des pièces d'argent dont les attributs indiquent l'origine, qu'un cataclysme inconnu a enfouies et qui dorment, depuis plus de vingt siècles, côte à côte, avec les restes desséchés des trafiquants auxquels elles ont appartenu!

Les républicains de 1793 qui, comme on sait, singeaient les républicains d'autrefois, avaient eu l'idée de donner à la ville de Saint-Gilles le nom d'*Héraclée;* c'était beau en effet! c'était un service immense rendu à l'humanité! L'on doit vivement regretter que l'auteur de cette motion patriotique soit demeuré inconnu.

Les républicains de 1848, race un peu dégénérée, avaient eu des velléités analogues; malheureusement pour eux les temps furent courts et leurs tentatives avortèrent; s'il entrait dans nos vues d'égayer le lecteur, nous pourrions rappeler ici quelques-unes de ces extravagances. (*Note de l'Editeur*).

La charrue mit à nu , il y a quelques années, un magnifique autel votif, remontant à la période romaine, un cippe carré en pierre dure de un mètre cinquante centimètres de hauteur sur soixante centimètres de large; il est porté sur une base élégante ; aux quatre angles de la partie supérieure s'élèvent quatre jets de flamme sculptés ; le milieu est occupé par une espèce de coupe, creusée dans la pierre et destinée à recevoir les parfums; on lit, sur la face antérieure, l'inscription suivante :

ATTILIA PRIMA

PROXUMIS SUIS.

C'est un autel élevé par la piété d'une jeune fille aux divinités du voisinage. Que

demandait-elle à ces divinités en échange
de ses vœux ? Rien ne l'indique dans l'inscription.

Le propriétaire du domaine de l'Auricet conserve religieusement un fût de colonne cannelée, ayant appartenu à un monument grec ou romain que l'on a aussi
trouvé sur les lieux, non loin de l'autel
votif; on suppose que cette colonne aurait
appartenu à un temple de Diane que quelques archéologues ont signalé dans ces contrées; les Commandeurs de l'ordre de Saint-
Jean-de-Jérusalem avaient placé au dessus
de la colonne une croix en fer, image touchante, symbole saisissant de la vérité historique, des destinées providentielles de
l'humanité ; le signe de la Rédemption,
Christ humilié, Christ crucifié, s'élevant vic-
torieusement sur les ruines du paganisme!

Je crois devoir consigner ici quelques
observations générales qui m'ont été ins-
pirées par un assez long séjour dans l'île
de la Camargue; elles ne seront pas sans
intérêt, peut-être même sans utilité pratique.

La Camargue est un immense triangle
dont la base s'appuie sur la Méditerranée
et dont le sommet touche à la vieille cité
de Constantin; sa création remonte au delà
des temps historiques; elle a été formée
par des attérissements du Rhône qui ont
comblé successivement de vastes étangs
salés; les Romains l'ont occupée; c'est un
fait historique incontestable.

1° On sait que la République romaine
avait envoyé dans ces parages le plus dur,
le plus formidable de ses guerriers, afin de

prévenir une invasion menaçante des peuples du Nord, que ces hordes sauvages
furent taillées en pièces et dispersées dé-
finitivement dans les plaines de Pourrières.

2° Le voyageur s'arrête, dans le Musée
de la ville d'Arles , devant une pierre
tumulaire destinée à honorer la mémoire
de la fille de *Caius Marius*.

3° C'est Caius-Marius qui a donné son nom
au delta : *Camargue, Caii Marii ager*, terre
ou plaine de Caius-Marius.

4° Dans l'ouvrage que le plus grand
des historiens a consacré aux mœurs
des Germains , on trouve un passage
qui n'a pas été assez remarqué ; l'auteur
parle des traces profondes que ces peu-
plades sauvages ont laissées de leur pas-

sage , notamment d'un camp immense qu'elles avaient établi sur l'une et l'autre rive du fleuve *(in utrâque ripâ castra)* ; ce qui ne peut s'entendre que de la Camargue ; c'est , du reste , dans ce sens que ce passage a été interprété. [1]

[1] Voici le passage dans son entier :

Veterisque famæ vestigia manent, UTRAQUE RIPA CASTRA *ac spatia quorum ambitu nunc quoque metiaris molem, manusque gentis et tam magni exercitus fidem* (Tacite, *de Moribus Germanorum,* nº XXXVII).

On est forcé de reconnaître , en présence de ce texte, que les Cimbres et les Teutons s'étaient emparés du delta du Rhône ; mais il faut admettre aussi qu'ils en furent chassés par Caius Marius ; on doit l'admettre d'autant mieux que Marius, dans le but d'approvisionner son armée, peut-être aussi , c'est l'opinion de quelques-uns , pour faciliter le commerce des Massiliens, ses alliés, avait ouvert un canal, dont les vestiges se retrouvent encore, qui de l'étang de Galéjon venait aboutir à la rive gauche du grand Rhône, en face même de la Camargue ; il

Le sol de l'île est peu élevé au-dessus
du niveau de la mer ; les eaux pluviales
s'écoulent difficilement ; ce mal , si grave
par lui-même , augmente encore et devient
un véritable fléau lorsque le vent du sud ,

ne l'aurait certainement pas fait s'il n'eût pas été maître
des pays adjacents.

Qui le croirait ? en l'an de grâce 1864 , le *Moniteur
universel* nous donne l'existence du canal de Marius
(fossæ Marianæ) comme une découverte récente qu'il
attribue modestement à l'un de ses collaborateurs, et tout
nous porte à croire que ce patriarche de la publicité parle
sérieusement ! Satisfait de sa découverte merveilleuse , il
en tire immédiatement une conséquence de nature à lui
faire honneur, en attendant qu'un autre fasse mieux :
il propose de donner au nouveau canal Saint-Louis , pa-
rallèle à la vieille rigole romaine , le nom plus pompeux
et plus mérité, selon lui , de *canal Marius.*

Je reconnais bien là la naïveté où le charlatanisme de
la presse officielle ou autre ! Aucuns, comme dirait Mon-
taigne, y verront peut-être les deux choses à la fois. (*Note
de l'Editeur.*)

soulevant les vagues de la mer , les pousse violemment contre le rivage, et non-seulement oppose un obstacle insurmontable à l'écoulement des eaux supérieures , mais jette la mer elle-même sur les terres ; les plantes sont étouffées et tombent en pourriture: c'est au génie de l'homme, qui s'est montré si puissant dans d'autres contrées, à faire disparaître cet élément de destruction.

Le sol primitif de la Camargue est trop compacte ; l'alumine y entre dans une trop forte proportion ; les racines des plantes ne s'y meuvent que difficilement ; on ne doit excepter de cette règle que quelques superficies peu étendues amendées par les inondations ; on ne peut pas s'expliquer pourquoi l'homme n'a pas profité de cette leçon que la nature elle-même a écrite sur le sol , comment

on a eu l'idée d'opposer un obstacle perma-
nent à l'action bienfaisante des déborde-
ments, d'élever, à grands frais, en détruisant
un capital réel pour créer un capital fictif
et dangereux, une barrière insurmontable
entre l'eau et la terre qui a besoin d'eau !
C'est une erreur déplorable contre laquelle
la raison humaine reviendra ! Les efforts
de l'agriculteur doivent tendre à faire
lui-même ce que les éléments naturels
auraient fait, à diviser le sol par des
labours réitérés et profonds , par les
engrais, par les amendements.

L'eau salée des étangs sur laquelle le
fleuve a étendu une couche épaisse d'allu-
vion, entretenue par les infiltrations souter-
raines de la mer, s'élève à la surface par
l'effet de la capillarité ; l'eau, proprement
dite, s'évapore, le sel se cristallise et reste

à découvert : de là ces plaines immenses, couvertes d'une couche blanche , sur lesquelles on aperçoit çà et là quelques touffes de salicords et de tamariscs rabougris , ce mirage étrange qui saisit d'étonnement le voyageur, éblouit et même blesse les yeux.

Comment doit-on lutter contre cet état de choses si souvent désespérant ? Faciliter, par tous les moyens , l'infiltration de l'eau douce , empêcher l'évaporation , gazonner, niveler, prévenir le piétinement des animaux , les tassements de toute nature.

Les chemins de la Camargue sont affreux; la circulation y est toujours difficile , souvent impossible ; leur surface est exactement dans le même état où elle était lorsque l'île s'est élevée au dessus des

eaux ; la main de l'homme n'y a point tou-
ché; les eaux pluviales ne s'infiltrent pas à
travers cette terre imperméable, la détrem-
pent et y creusent des fondrières effroya-
bles; c'est une honte pour l'administration
et pour la cité ; c'est, j'ose le dire, l'obstacle le plus grave à toute amélioration.

Le mauvais état des voies de commu-
nication est un fléau pour un pays ;
l'industrie, l'agriculture ne créent pas
ce qu'elles ne peuvent pas exporter,
échanger ; si ce fait déplorable se généra-
lise, le pays souffre, s'appauvrit, marche à
grand pas vers la décadence ! On a peine à
s'expliquer comment des idées si simples et si vraies peuvent être méconnues.

La terre livre ses trésors à l'homme avec
une intarissable libéralité; mais c'est une

loi providentielle que l'homme doit appli-
quer à la terre son intelligence, ses éner-
giques efforts !

15 juillet 1801 ; grande fête dans la ca-
tholicité ! les églises, si longtemps fermées,
se rouvrent ! Pauvre et petite église d'Albaron, je te salue ; j'entends au loin ta cloche qui m'appelle ; je viendrai, oui, je viendrai ! Que de fois, depuis lors, n'ai-je pas
pénétré dans ton humble sanctuaire, au milieu de tes murs blanchis et dénudés ? que
de fois ne me suis-je pas agenouillé devant
ton autel sans ornements ? que de fois n'ai-
je pas répandu sur ses marches rustiques
des prières parties du cœur, arrosé ton pavé
de mes larmes ?

J'avais accompli cette même année un
pèlerinage aux Saintes-Maries.

C'est une pieuse et bien touchante histoire que la légende des Saintes-Maries.

A la suite des persécutions inouïes que les juifs et les pharisiens firent subir aux premiers disciples du Christ, Marie Jacobé, mère de saint Jacques-le-Mineur, Marie Salomé, mère de saint Jacques-le-Majeur et de saint Jean, l'évangéliste, Marcelle et Shara, leurs servantes, saint Lazare et sa famille furent jetés dans un navire sans voiles et sans gouvernail qu'on lança à la mer dans l'intention de les faire tous périr ; mais Dieu veilla sur cette sainte cargaison ; la barque, conduite miraculeusement, aborda à l'extrémité méridionale de l'île de la Camargue ; les saintes femmes et les disciples débarquèrent sains et saufs et, après avoir rendu grâce à Dieu, se dispersèrent dans la Provence pour y prêcher la foi ; les deux Marie

et Shara, leur servante, restèrent seules;
elles vécurent quelques années dans les
lieux où elles avaient débarqué, pratiquant
les plus grandes austérités, convertissant,
par leurs discours et par leurs exemples,
les peuples païens des environs; Marie Jacobé mourut la première; ses deux com-
pagnes ne tardèrent pas à la suivre dans
le tombeau; elles furent ensevelies près
d'une source d'eau douce qui les avait dé-
saltérées pendant leur vie; le lieu de leur
sépulture a été longtemps ignoré.

Cette intéressante légende, ces pieux dé-
tails qui vont à l'âme et dont le christianisme seul peut offrir le délicieux tableau,
se conservèrent dans la mémoire des peuples; sur la fin du dixième siècle (981)
Guillaume Ier, fils de Boson Ier, comte de
Provence, bâtit, en l'honneur des saintes

femmes, une magnifique basilique, la même qui existe aujourd'hui, œuvre d'une piété profonde, véritable merveille de l'art; il donna au monument des proportions gigantesques, les formes puissantes d'une citadelle, des meurtrières, des créneaux, des machicoulis, afin qu'il pût résister aux attaques des Corsaires et surtout des Sarrasins qui infestaient, à cette époque, les côtes de la Méditerranée. En 1448, le roi Réné, entraîné par les prédications ardentes de Robert Demiani, archevêque d'Aix, découvrit, sur les indications d'un pieux hermite, les dépouilles mortelles des deux servantes du Christ; il les recueillit pieusement et les enferma dans deux châsses en bois de cyprès que l'on déposa dans la chapelle haute où elles sont encore aujourd'hui.

Chaque année, le dimanche qui suit le

25 Mai, lorsque l'épi commence à paraître, que les buissons enbaument les chemins, que le tamarisc oriental étale dans l'atmosphère ses fleurs élégantes, parsemées de rouille, on célèbre, avec une grande pompe, la fête des deux Saintes-Maries; la *Ville de la Mer*, d'ordinaire si calme, prend, tout à coup, une animation inaccoutumée; une foule immense, accourue du Languedoc, de la Provence, des bords de la fontaine de Vaucluse, encombre les rues, les places, l'église surtout; des cris, des supplications déchirantes se font entendre, des miracles s'opèrent, dit-on, et le bruit de ces miracles entretient, surexcite la ferveur!

J'ai passé dix années consécutives à la tête de l'exploitation agricole de l'Auricet; J'étais heureux, autant que l'homme peut l'être ici-bas, autant que pouvaient me le permettre de tristes et poignants souvenirs; j'éprouvais une douce satisfaction en voyant que j'étais utile à mes semblables, que je gagnais ma vie par mon travail.

Dieu, dont il ne m'appartient pas de sonder les décrets, voulut me soumettre à une nouvelle épreuve : tout le côté gauche de mon corps fut subitement atteint d'un rhumatisme ; je ne pouvais marcher que difficilement, je dus abdiquer des fonctions dont il m'était impossible de remplir les devoirs.

J'avais fait des économies; un neveu de ma mère, le seul membre de ma famille qui eût survécu à la tempête révolutionnaire sur notre terre de France, m'avait légué, en mourant, une petite pension ; je pouvais suffire à mes dépenses ; mais à qui pouvais-je demander ces soins minutieux, ces soins de chaque moment que commandait ma situation? Je n'avais d'autre perspective que l'hôpital. !

Une femme, Suzanne Tardieu — Suzanne, c'était le nom de ma mère — vint à mon aide et offrit de me recueillir. Ange de bonté et de charité sois bénie! je ne prononce ton nom ici qu'avec la plus profonde reconnaissance. Dieu que tu aimes, Dieu qui récompense celui qui donne un verre d'eau en son nom, récompensera ta charité; il te recevra dans son sein, t'abritera sous les ailes de son amour! Les femmes ont dans le cœur des trésors d'abnégation, de dévouement, de sacrifices. C'est une femme qui a soutenu mes premiers pas dans la carrière de la vie, c'est une femme qui a fait le charme de

ma jeunesse, c'est une femme qui veille sur
ma vieillesse et qui me fermera les yeux.

Suzanne Tardieu appartenait à l'une des
plus nobles familles de la ville d'Arles ;
son père avait été ruiné à moitié par la
dépréciation des assignats ; un procès
acheva sa ruine ; une propriété considérable, appartenant à sa famille, située à
peu près à une égale distance d'Arles et
d'Albaron, fut expropriée ; Suzanne n'avait
pu sauver de ce désastre qu'une partie
de la dot de sa mère avec laquelle elle
avait acheté une petite campagne et quelques terres enclavées dans le domaine de
l'Auricet ; la position embarrassée de sa
famille ne lui avait pas permis de se marier ;
elle avait, à cette époque, cinquante ans.

Suzanne me donne tous les soins qu'elle

aurait donnés à son enfant ; elle prépare
ma nourriture, mes remèdes, prévient
mes désirs par une attention toujours en
éveil ; c'est la confidente bienveillante de
mes peines, de mes plus secrètes pensées.

Je passe mes journées à lire des livres
d'agriculture, de science, de piété surtout ; lorsque le temps le permet et que
mes douleurs sont supportables, appuyé
sur un bâton de vigne sauvage et parfois
aussi sur le bras de Suzanne Tardieu, je
vais m'asseoir sous les grands arbres qui
couronnent la chaussée du Rhône ; je suis
des yeux les innombrables zigzags que
décrivent les barques des pêcheurs, les
bateaux chargés remontant lourdement le
cours du fleuve, traînés par des chevaux ;
je contemple le magnifique spectacle des
œuvres de Dieu ; ma pensée se reporte

alors involontairement vers les premières
années de ma vie, vers ce temps heureux
où mon corps était agile, mon âme sans
passions, où j'étais assis, à côté de Made-
leine, sur les bords de l'Isère; ces faits
que tant d'années séparent, les deux
extrémités de mon existence se rappro-
chent, se confondent; la vie de l'homme
ici-bas est-elle autre chose, après tout,
qu'un peu d'agitation entre le berceau et
la tombe ?

2 novembre 1844.

Je me suis levé plus tard que de coutume ; c'est le jour des morts. L'humanité
célèbre aujourd'hui son néant mais célèbre aussi la fête de ses espérances ; le soleil
est rougeâtre, sa pâle clarté semble se
mettre en harmonie avec le deuil immense

qui s'étend sur la chrétienté tout entière. Le vent souffle à l'est, ses rafales sont humides et glacées, un orage est imminent !

Suzanne est allée à Saint-Gilles assister à la messe des morts ; la pauvre femme pourra-t-elle résister à l'orage ? Ne sera-t-elle pas victime de sa piété, de sa témérité ? J'entends le bruit lointain des cloches qui appellent les fidèles aux offices ou peut-être dans les demeures silencieuses de la mort !

Et moi aussi, je prierai pour les morts, me suis-je écrié ? Je me suis agenouillé devant le Christ en ébène qui orna jadis ma cellule de Franquevaux, le seul souvenir matériel que j'aie conservé de mon long séjour dans le cloître, le seul qui ait

échappé, comme par un miracle provi-
dentiel, à la fureur des patriotes en gue-
nilles; il ne m'a plus quitté depuis lors;
il est là, en face de mon lit; la nuit il veille
sur mon repos; quand le jour paraît, il
semble étendre les bras pour bénir mon
réveil. Image vénérée d'une grande et
divine douleur, reçois mes remerciements
avec mes hommages; tu as vu couler mes
larmes, mais tu as été pour moi une source
intarissable de consolations! J'ai prié pour
mon père, pour ma bonne mère, pour
tous ceux que j'ai aimés et que j'ai perdus;
et toi, Magdeleine, où es-tu? Es-tu encore
dans cette vallée de déception et de misère?
As-tu pris ton essor vers le ciel, vers ces
amours qui ne trompent pas et qui n'ont
pas de fin? Dois-je aussi prier pour toi dans
ce jour solennel consacré à la mort? J'ai
là, sur le cœur, de sinistres pressentiments!

Suzanne Tardieu revient de la messe ;
elle me remet une lettre timbrée de Grenoble ; je romps le cachet :

« Monsieur Henri ,

» Magdeleine est morte ! en donnant
» des soins à sa mère âgée et depuis
» longtemps infirme , elle a contracté
» une maladie qui l'a emportée le qua-
» trième jour ; comme je sais que vous
» vous interessez à nous , que vous
» vous intéressiez à elle , j'ai cru de-
» voir vous communiquer ce triste évé-
» nement ; dans le délire qui a précédé
» son dernier soupir , elle a prononcé
» plusieurs fois votre nom ; Henri !

» Henri ! disait-elle, d'une voix entre-
» coupée et profondément altérée ; les
» derniers mots qui ont expiré sur
» ses lèvres avec la vie sont ceux-ci :
» *Au ciel* !

» Les habitants du hameau, nos voi-
» sins, les pauvres surtout, ont assisté
» à ses funérailles !

» Laroche père. »

Magdeleine est morte ! je n'ai plus que
toi au monde, ma bonne Suzanne ! Ma vue
se trouble, mes jambes faiblissent, ma
main tremble, je ne puis plus continuer
à écrire ! Ma mère !.... Magdeleine !.....
Magdeleine !..... Là Haut !

Ici finit le manuscrit ; les dernières lignes sont écrites d'une main tremblante ; les lettres sont espacées et inégales ; les mots qui le terminent sont à demi effacés par les larmes !

Henri de Lamure mourut dans la soirée du 2 novembre mil huit cent onze, au moment où le soleil descendait sous l'horizon ; il avait fait un testament par lequel, après avoir recommandé son âme à Dieu, il priait Suzanne Tardieu, l'ange gardien de ses dernières années, de faire creuser sa tombe sur le lieu même où s'étaient terminées les agitations de sa vie, sous cette touffe d'aubes et de peupliers où il avait l'habitude d'aller s'asseoir au déclin du jour, de placer sur sa dépouille mortelle une pierre sans ornements sur laquelle on aurait gravé ces mots :

CI-GIT

HENRI LAMURE.

Il a été malheureux sur cette terre, son espérance
est au ciel !

Le souvenir du pieux cénobite s'est conservé dans la mémoire des paisibles habitants de l'Auricet; la terre où reposent ses cendres est connue, dans la contrée, sous le nom de la *tombe du curé*. L'humble monument funéraire a été légèrement déplacé par les travaux des ponts et chaussées, mais pieusement recueilli ! C'est une loi providentielle que les morts doivent céder la place aux vivants, à

leurs agitations, à leurs besoins, à leurs
fantaisies ; que la cabane du pauvre, que
les palais somptueux s'élèvent sur les
demeures des morts, que le blé croisse sur
les tombes abandonnées ! les sépultures
perpétuelles , les distinctions dans les
cimetières, quel mensonge ! quelle folie !
C'est une invention dont l'homme seul
était capable ; c'est la dernière limite de
l'orgueil humain !

Lorsque mes promenades solitaires me
ramènent au pied de cette dalle muette,
mon cœur est ému, les larmes coulent
de mes yeux ; je me sens confondu et,
en quelque sorte, anéanti , à la pensée
des misères et des vanités de cette vie.

Henri de Lamure fut humble de cœur,
plein de l'amour de Dieu et du prochain,

ennemi de tout ce qui comprime arbitrairement les nobles facultés de l'homme, de tout ce qui entrave la marche glorieuse de l'humanité; il avait pris pour devise : DIEU ET MON DROIT! Ce fut une nature d'élite que le monde a ignorée, une triste et innocente victime de nos préjugés; les *esprits forts* jetteront, peut-être, sur lui un regard de pitié; mais qu'importent les esprits forts? Est-ce à eux qu'il appartient de juger?

TABLE DES MATIÈRES.

Nimes , imprimerie Roger et Laporte , place Saint-Paul, 5.

9 782329 157382